Libro de Sinónimos y Antónimos

Thesaurus for Children

Harriet Wittels and Joan Greisman

To Anita Gottlieb, for helping us tap into her
Spanish heritage—thanks from us,
and all the young people who will use this book.

All inquiries should be addressed to:
Barron's Educational Series, Inc.
250 Wireless Boulevard
Hauppauge, NY 11788

International Standard Book Number 0-8120-9595-2

Library of Congress Catalog Card Number 96-84725

Printed in the United States of America

15 14 13 12 11 10

Presentación

Adivinanza: ¿Qué suena como **brontosaurio**, pero se encuentra en el estante de libros, cerca de los diccionarios y no en el museo de historia natural?

Respuesta: ¡Un tesauro, por supuesto! El tesauro es un libro que alista sinónimos (palabras que tienen casi el mismo significado) y antónimos (palabras de significado opuesto). Este libro te permitirá usar varias palabras nuevas que son precisas, interesantes y coloridas, además de las palabras que ya conoces.

COMO USAR EL TESAURO

Palabras de Entrada

En este libro, las palabras que tienen sinónimos y antónimos se llaman **"palabras de entrada"**. Estas palabras se encuentran en orden alfabético y están impresas en letras gruesas, por ejemplo:

> **ágil** ligero, rápido, pronto, dinámico
> **agrandar** aumentar, ampliar
> **agregar** juntar, sumar, añadir

Busca en la sección "A" la palabra de entrada que viene antes de **"accidente"**. (¿La respuesta? **"acaudalado"**). Ahora busca en la letra "B" la palabra de entrada que viene después de **"breve"**. (Sí,

"bribón"). Mira en la "C" cuáles son las dos palabras de entrada entre las que se encuentra la palabra **"casa"**. (Respuesta: **"carta"** y **"casamiento"**).

Palabras de Guía

Las dos palabras, en tinta gruesa, situadas en la parte superior de cada página se llaman "palabras de guía". Estas indican la primera y la última palabra en cada página, y serán tu "guía" para todas las palabras entremedias. Por ejemplo, si las palabras de guía son **"clase"** y **"colosal"**, encontrarás la palabra **"coche"** en la misma página. Pero no encontrarás la palabra **"cómico"** allí. Ahora busca la palabra **"decidir"**. Cuáles son las dos palabras de guía en la parte superior de la página? (Respuesta: **dañar** y **defraudar**.)

Sinónimos

Sinónimos son palabras que tienen el mismo o casi el mismo significado. Aquí tenemos dos grupos de sinónimos:

> **humillado** avergonzado, mortificado
> **humorístico** cómico, gracioso, jocoso

Los sinónimos generalmente pueden intercambiarse en una frase; por ejemplo:

> **moda** uso, novedad, boga, estilo
>
> Los pantalones de dril azul están de *moda*
> Los pantalones de dril azul están ahora en *uso*
> Los pantalones de dril azul son ahora una gran *novedad*

Los pantalones de dril azul están ahora en *boga*
Los pantalones de dril azul son ahora de bello *estilo*

Sin embargo, a veces los sinónimos no son intercambiables, como en el siguiente ejemplo:

partido contienda, encuentro, juego

Hoy tuvimos un *partido* de fútbol
Hoy tuvimos un *encuentro* con el director
Hoy tuvimos una *contienda* con nuestros enemigos

Tú te das cuenta de que "hoy tuvimos una contienda de fútbol" no es una frase correcta.
Cuando busques una palabra en este libro, te darás cuenta de que no todos los sinónimos son apropiados para la misma frase y deberás utilizar tu sentido común para encontrar la palabra apropiada.

Antónimos

La palabra que tiene el significado opuesto a la palabra de entrada se llama antónimo. Los antónimos se encuentran en letras mayúsculas al final del grupo de sinónimos:

gustar querer, desear, apetecer DISGUSTAR
lejos lejano, remoto, alejado CERCA

por ejemplo:

A ella no le gusta el pelo *corto* y lo usa *largo*

La palabra **"largo"** es el antónimo de la palabra **"corto"**.

Ahora ubica la palabra de entrada, en letra gruesa, y encuentra los antónimos para completar las siguientes frases:

Cenicienta era bonita, pero sus hermanastras eran _____ .

Pasó la violencia de la tormenta y vino la _____ .

¡Tan **fría** que es la luna y tan _____ que es el sol!

Palabras de Entrada de Varios Significados

Algunas palabras de entrada, como **"mandar"**, tienen más de un significado. **"Mandar"** puede significar **"remitir"** y **"enviar"** pero también puede significar **"gobernar"**, **"regir"**, **"reinar"**. Por eso, la palabra **"mandar"** tiene dos números para cada uno de los dos grupos de sinónimos. A continuación tenemos otro ejemplo:

cinta 1. película, film 2. banda, tira

En este libro, la palabra de entrada **"corto"** tiene tres significados. Busca la palabra **"corto"** y encuentra en las próximas frases el número correcto del sinónimo que le corresponde.

El vestido rojo me queda corto (respuesta 1.)

El exámen de hoy será corto (respuesta   .)

No seas tan corto con las chicas (respuesta   .)

¡Qué bien! ¡Haz aprendido a usar este libro! Hojea ahora las páginas siguientes, inventa frases y juega a cambiar una palabra por su sinónimo o antónimo. Es divertido y además, ¡pronto sabrás más palabras que todos tus amigos!

Libro de Sinónimos y Antónimos

Thesaurus for Children

abajo debajo, bajo   ARRIBA

abandonar dejar, ceder, renunciar, marcharse

abatido triste, deprimido, desanimado, desalentado, decaído

abarcar ceñir, rodear, contener, comprender

abertura agujero, grieta, rendija

abismo barranco, precipicio

abotonar cerrar, abrochar   DESABOTONAR

abrasar quemar, consumir

abrazar 1. ceñir, rodear 2. adoptar, seguir

abreviar acortar, reducir, resumir

abrigar 1. tapar, cubrir, arropar 2. proteger, cobijar, amparar

abrir 1. iniciar, comenzar, inaugurar   CERRAR 2. destapar, descubrir

absorber chupar, penetrar, empapar

absurdo increíble, ridículo   SENSATO

aburrido pesado, soso, molesto, hastiado

aburrimiento tedio, desgana, hastío

abusar maltratar, dañar, aprovecharse

acariciar rozar, tocar, halagar

abatida

abrazar

9

acarrear

actor

acumular

acarrear llevar, cargar, transportar, traer

acaudalado adinerado, rico, millonario, opulento   POBRE

accidente percance, infortunio, contratiempo

aceptar consentir, autorizar, aprobar   NEGAR

aconsejar sugerir, recomendar, indicar

acortar abreviar, reducir, disminuir   ALARGAR

activo vivo, enérgico, rápido, pronto   INACTIVO

actor artista, entretenedor, estrella

actual verdadero, cierto, real

acuerdo pacto, contrato, armonía, tratado

acumular juntar, reunir, amontonar

acusar culpar, censurar, delatar

adecuado suficiente, satisfactorio, propio, apropiado   INSUFICIENTE

adelantado avanzado, delantero   ATRASADO

adherir pegar, encolar   SOLTAR

adivinar suponer, predecir, imaginar

admirable maravilloso, glorioso, supremo, magnífico, notable

admirador adorador, fanático, hincha

admirar gustar, respetar, apreciar

admitir confesar, reconocer, consentir   NEGAR

adorar amar, querer, apreciar, estimar, venerar ODIAR

adormecido soñoliento, amodorrado

adorno decoración, ornamento

adular halagar, elogiar

adulto maduro, mayor de edad   INMADURO

adversario enemigo, rival, competidor, oponente

advertir 1. notar, ver, observar 2. informar, avisar

afable amable, atento, cordial   DESCORTES

afección cariño, ternura, simpatía

afeitar rapar, rasurar, raer

afirmar asegurar, confirmar   NEGAR

afortunado feliz, suertudo   DESAFORTUNADO

ágape banquete, festín

agarrar coger, tomar, atrapar

agenda catálogo, folleto, libreta

ágil ligero, rápido, pronto

adherir

admirar

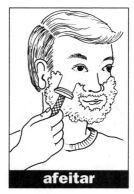
afeitar

agitar

alarma

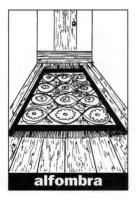

alfombra

agitar batir, mecer, sacudir

agonía sufrimiento, dolor, tortura, pena

agradable grato, gustoso, placentero

agradecido reconocido, obligado　INGRATO

agrandar aumentar, ampliar　REDUCIR

agregar juntar, sumar, añadir　SUBSTRAER

agrio ácido, acre　DULCE

aguacero lluvia, chaparrón, diluvio

aguantar padecer, soportar, sufrir

ahora inmediatamente, actualmente, hoy

ahorcar colgar

ahorrar economizar, guardar, reservar

ajustar arreglar, convenir, adaptar

alabanza elogio, loa, adulación

alargar prolongar, prorrogar, estirar　ACORTAR

alarido chillido, aullido, grito

alarma susto, temor, sobresalto　CALMA

alarmar asustar, atemorizar, inquietar

albergar alojar, acoger

alboroto bullicio, bronca, tumulto

alegre   contento, divertido, animado   TRISTE

alerta   despierto, listo, avispado, vivo   DORMIDO

alfombra   tapete

alistar   catalogar, inscribir, anotar

aliviar   calmar, mitigar

almohadón   cojín

alquilar   arrendar

alto

alto   elevado, prominente,   BAJO

amable   afectuoso, cordial, atento

amanecer   aurora, madrugada   ANOCHECER

amar   querer, estimar, adorar, apreciar   ODIAR

amarrar   atar, anclar, asegurar, sujetar

amenazar   intimidar, amagar, conminar

amigo

amigo   compañero, compinche   ENEMIGO

amo   patrón, jefe, superior

amor   cariño, ternura, apego, pasión,   ODIO

amplio   extenso, grueso, ancho   ESTRECHO

ancho   amplio, extenso, grueso   ESTRECHO

anciano   viejo   JOVEN

ancla   áncora

anciano

anormal

ansioso

antiguo

andar caminar, marchar

angosto estrecho, reducido, ceñido   ANCHO

angustioso doloroso, lamentable, penoso

anhelo deseo, ansia, sueño, ambición

animal 1. bestia, bruto 2. torpe, ignorante

anochecer atardecer, ocaso   AMANECER

anormal raro, irregular, desigual   NORMAL

ansia anhelo, deseo, sueño, ambición

ansioso entusiasmado, deseoso, afanoso

antes anteriormente, primeramente,
anticipadamente   DESPUES

antiguo viejo, anticuado   MODERNO

antojo capricho, deseo

anunciar declarar, avisar, informar

apagado opaco, oscuro, débil   BRILLANTE

aparato instrumento, artificio, utensilio,
dispositivo

aparecer 1. surgir, brotar, salir, mostrarse
2. llegar, entrar

apartar retirar, alejar, mover   JUNTAR

apenar afligir, entristecer   ALEGRAR

apenas escasamente, casi

aplastar estrujar, prensar, comprimir

apostar 1. jugar 2. poner

apoyar 1. descansar, reclinar, recostar
2. sostener, soportar

apreciar gozar, valorar, respetar, admirar

aplastar

aprender estudiar, instruirse, memorizar

apresar aprehender, capturar, arrestar   SOLTAR

apresurar acelerar, activar, avivar

apretar comprimir, oprimir, apretujar

apropiado conveniente, ajustado, oportuno,
propio   IMPROPIO

apresar

approvechar utilizar, usar, explotar

aproximadamente cerca de, más o menos,
alrededor de   EXACTAMENTE

apto competente, capaz, calificado

apuesta jugada, posta

apuro aprieto, dificultad, lío

árbitro mediador, juez

área región, sección, zona

árbitro

arisco intratable, hosco, huraño   AFABLE

arrancar

arruinar

artefacto

armar equipar, fortificar, montar   DESARMAR

aroma olor, fragancia, esencia

arrancar sacar, quitar

arrastrar halar, remolcar, tirar, acarrear

arrebatar robar, quitar, llevarse

arreglar ordenar, organizar, clasificar

arrendar alquilar

arrepentido penoso, lastimoso, apenado

arriesgar atreverse, osar, aventurar

arrojar lanzar, tirar

arruinar destruir, aniquilar, devastar

artefacto instrumento, herramienta, aparato, máquina

artículo 1. narración, relato, noticia 2. detalle, cosa

artificial engañoso, irreal, ficticio

artista actor, estrella, entretenedor

asaltar embestir, atacar, saltear, atracar

aseado limpio, pulcro   SUCIO

asegurar fijar, atar, amarrar

asesinar   matar, ejecutar

asiento   silla

asignar   señalar, nombrar, designar

asir   agarrar, tomar, coger   SOLTAR

asistir   1. ayudar, socorrer   2. concurrir, ir

asociar   reunir, agrupar

asombroso   sorprendente, fascinante, maravilloso

áspero   1. grosero, rudo, vulgar, basto   CORTES
2. burdo, escabroso, grueso   PLANO

asqueado   repugnado, nauseado

astuto   hábil, pícaro, avispado, listo, sagaz

asustar   alarmar, atemorizar, espantar   CALMAR

atacar   asaltar, saltear, agredir

ataque   crisis, arrebato, patatús

atar   pegar, juntar, amarrar, unir, liar   DESATAR

atención   cortesía, consideración, reflexión
DESATENCION

atender   1. ir, estar presente   2. observar, mirar

atentado   intento, prueba

aterrizar   descender, bajar

asiento

asustar

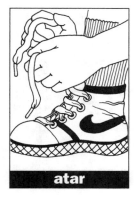
atar

atraer

audaz

aurora

aterrorizar asustar, espantar, horrorizar

atisbar espiar, acechar

atlético deportivo

atractivo hermoso, bello, bonito, buen mozo
FEO

atraer captar, llamar　RECHAZAR

atrapar coger, agarrar, pillar, pescar

atrás 1. detrás,　ADELANTE 2. antes, anteriormente

aturdido atontado, confundido

audaz atrevido, valiente, arrogante, altanero
TIMIDO

aullar gritar, chillar　CALLAR

aullido grito, chillido, alarido

aurora amanecer　ANOCHECER

ausente fuera, ido　PRESENTE

autógrafo firma

automóvil auto, carro, vehículo, coche

autor 1. escritor, literato 2. causante

avaluar valuar, estimar, tasar

avance progreso, marcha, adelanto

avaro tacaño, mezquino, cicatero GENEROSO

averiguar buscar, indagar, investigar

avión aeroplano, jet

avisar advertir, alertar, anunciar

avispado despierto, listo, vivo

auxilio socorro, ayuda

ayuda asistencia, apoyo, soporte, auxilio

ayudante colaborador, asistente

azotar pegar, zurrar

avisar

bailar danzar, bailotear

bajar 1. descender   SUBIR 2. disminuir

bajo 1. abajo, debajo   ARRIBA 2. chico, pequeño, corto   ALTO

balancear equilibrar, estabilizar

balde cubo

banda 1. orquesta 2. equipo, grupo

bandera insignia, pendón, estandarte

bandido ladrón, sinvergüenza, malhechor

banquete ágape, festín, fiesta

bañar sumergir, mojar, lavar

bar cantina, taberna

barato módico, económico, ganga   CARO

balancear

barco embarcación, nave

barrer limpiar, escobar

barriga estómago, panza, vientre, buche, abdomen

barrio vecindario, comunidad

barro lodo, fango

básico esencial, principal, fundamental

barrer

bastante suficiente, asaz

basura desperdicios, deshechos

batalla pelea, guerra, combate, conflicto

bebé nene, infante

bello bonito, hermoso, lindo, atractivo   FEO

bendecir alabar, ensalzar, glorificar

beneficioso útil, provechoso, lucrativo   INUTIL

benigno 1. moderado, templado 2. benévolo, amable

berrinche rabieta, pataleta

bestia animal, bruto

bienvenida saludo, parabién, acogida

billete boleto, entrada, papeleta

biombo mampara

blanco albo, níveo

blando suave, mullido, flojo   DURO

bloquear 1. obstruir, obstaculizar, estorbar
2. impedir

bochornoso caluroso, húmedo

boda casamiento, enlace, nupcias, matrimonio,
unión   DIVORCIO

basura

billete

blando

bolso

bosque

bravo

bodega depósito, despensa, almacén

boga moda, novedad, uso

bogar remar

boletín anuncio, mensaje

bolsa saco, funda, morral

bolso cartera, maletín

bondadoso bueno, benévolo, virtuoso　MALVADO

bonito atractivo, hermoso, bello, lindo　FEO

borde orilla, margen, extremo

borracho bebido, ebrio, embriagado

borrar anular, suprimir, esfumar, eliminar

bosque floresta, selva

bosquejo esbozo, diseño

boticario farmacéutico

boxear pelear, pegar

bravo valiente, valeroso　COBARDE

brecha boquete, abertura

breve 1. corto, conciso　LARGO 2. rápido, fugaz

bribón pillo, canalla

brillante inteligente, sobresaliente　ESTUPIDO

brillar 1. iluminar, resplandecer 2. pulir, encerar

brincar saltar

brío ánimo, valor

broma chiste, chanza, gracia, jarana

bruma niebla, neblina

brutal bestial, feroz, salvaje

buche panza, barriga, vientre, abdomen

bueno 1. bondadoso, benévolo,   MALO 2. útil, provechoso

bullicio alboroto, ruido, estrépito

buque barco, embarcación, navío

burla mofa, desprecio, engaño

burro asno, borrico

buscar averiguar, indagar, investigar

búsqueda investigación, exploración

brincar

buque

buscar

cabaña

caja

cabaña choza, barraca

cable 1. cuerda, alambre, hilo 2. telegrama

cadena fila, continuación, grupo

caer bajar, descender, derrumbar   SUBIR

cafetería restaurante

caída ruina, derrumbe

caja recipiente, cajón

calcular contar, estimar, figurar, evaluar

calidad clase, categoría

cálido caliente, caluroso, ardiente   FRIO

calificado competente, capaz, importante

callado silencioso, discreto, tácito

calle vía, carretera, avenida

callejón pasillo, pasadizo, corredor

calmar tranquilizar, aplacar, mitigar

calmoso quieto, sereno, tranquilo

calvo pelado   PELUDO

cama lecho, catre

cambiar trocar, reemplazar, convertir, mudar
MANTENER

cambio permuta, canje, intercambio

caminata paseo, excursión, salida

camino curso, dirección, recorrido, órbita, vía

campeón vencedor, ganador   PERDEDOR

campo terreno, pradera, cultivos, campiña, sembrados

canalla pillo, bribón

cancelar anular, borrar

canción melodía, tonada, copla, aire

candidato aspirante, pretendiente

canje trueque, cambio, permuta, intercambio

cansado fatigado, agotado, agobiado

cantar entonar, canturrear

cantidad número, dosis, porción, cuantía

cantina taberna, restaurante

capítulo episodio, sección

capricho antojo, fantasía

capturar aprehender, prender, apresar   SOLTAR

cara rostro, faz, fisonomía

carácter personalidad, genio, condición

carga 1. peso, fardo 2. deber

campeón

cantar

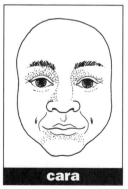

cara

carrera

casa

cavar

cariño afecto, amor, halago, mimo

carrera competencia, maratón

carretera vía, ruta, camino, pista, sendero

carta mensaje, epístola, misiva

casa vivienda, domicilio, hogar

casamiento boda, matrimonio, unión, enlace, nupcias

castigar sancionar, penar   PERDONAR

catálogo lista, directorio

catástrofe desgracia, desastre, calamidad

cavar excavar, ahondar

celebrar festejar, conmemorar

cementerio camposanto, necrópolis

centro medio, núcleo, mitad

ceño gesto, sobrecejo

cercano vecino, próximo   LEJANO

cerrar tapar, cubrir   ABRIR

cesar parar, terminar   INICIAR

césped pasto, hierba

chance oportunidad, suerte

chapucero tosco, grosero

charlar conversar, hablar, comentar   CALLAR

chequear revisar, inspeccionar, controlar

chico pequeño, diminuto   GRANDE

chillido grito, aullido, alarido

chisme murmuración, cuento, rumor

chiste gracia, broma, burla, chanza

chistoso gracioso, cómico

chocar golpear, pegar, tropezar

choza cabaña, barraca

chusma gentuza, populacho, multitud

cicatriz costurón, señal

cierto verdadero, seguro,   INCIERTO

cima cumbre, cúspide, pico

cinta 1. película, film 2. banda, tira

cita citación, compromiso, obligación

ciudad urbe, metrópolis, población

ciudadano vecino, residente, habitante

clandestino ilegal, prohibido, ilícito

claro brillante, vivo, luminoso   OSCURO

chisme

cicatriz

ciudad

clavar

coche

colectar

clase categoría, tipo, género

clasificar ordenar, catalogar, arreglar

clavar fijar, sujetar, asegurar

cliente comprador, parroquiano

clima temperatura, tiempo

club círculo, asociación

coartada disculpa, excusa

cobarde tímido, miedoso, temeroso   VALIENTE

cocer cocinar, guisar

coche automóvil, carro, auto, vehículo

código 1. leyes, reglas 2. clave

cojín almohada

cola 1. rabo 2. fin

colección conjunto, grupo, serie

colectar acumular, reunir, juntar   DISPERSAR

cólera rabia, furia, ira

colgar 1. ahorcar, asfixiar 2. tender, suspender

colocar poner, situar, ubicar

color colorido, tono, tinte

colosal gigante, inmenso, enorme   PEQUEÑO

combate pelea, guerra, conflicto, batalla   PAZ

combinar juntar, unir, mezclar   SEPARAR

comediante cómico, actor de comedias

comentar explicar, aclarar, hablar

comenzar empezar, iniciar, principiar   TERMINAR

comer alimentarse, nutrirse, sustentarse

confortable cómodo, fácil, agradable

cómico comediante, actor de comedias

comida alimento, sustento

comité grupo, delegación, comisión

cómodo 1. contento, satisfecho   INCOMODO
2. abrigado, confortable

compañero amigo, socio, camarada

compañía 1. negocio, empresa 2. convidado, visita

comparar cotejar, equiparar, asemejar

compasión lástima, piedad, misericordia

competente capacitado, experto, hábil, diestro   INCOMPETENTE

completo 1. terminado, acabado, concluido
PRINCIPIO 2. entero, íntegro   INCOMPLETO

cómico

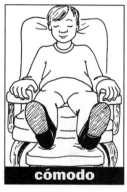
cómodo

compañero

complicado

concierto

conducir

complicado difícil, complejo, enredado SIMPLE

complot conspiración, intriga

comprar adquirir, mercar VENDER

comprender 1. entender, vislumbrar 2. abarcar, incluir

común regular, ordinario, general ESPECIAL

comunicar informar, relatar, anunciar

comunidad 1. distrito, vecindario 2. congregación

concierto sesión musical, recital

concluir terminar, acabar, completar, parar EMPEZAR

condenar desaprobar, proscribir ABSOLVER

condición situación, circunstancia, estado

conducir manejar, dirigir, guiar, regir

conducta comportamiento, proceder

conectar unir, enlazar, atar DESCONECTAR

confiable leal, fiel, franco, honrado, noble

confianza fe, afirmación, esperanza, creencia DESCONFIANZA

confiar depender, encomendar, encargar DESCONFIAR

confidente   fiel, seguro

conflicto   combate, batalla, pelea, guerra

confundir   enredar, turbar, desordenar

conocer   saber, entender

conmoción   tumulto, disturbio, confusión
CALMA

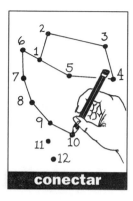

conectar

conquistar   vencer, tomar, apoderarse

consejo   opinión, parecer, aviso

consentimiento   permiso, aprobación, asentimiento

conservar   retener, preservar   DERROCHAR

consideración   1. aprecio, estimación, respeto
2. estudio, reflexión

conquistar

considerado   cortés, amable, atento
DESCONSIDERADO

consolar   confortar, reanimar

construir   hacer, edificar, fabricar   DERRIBAR

contener   incluir, abarcar

contento   satisfecho, complacido, feliz, dichoso
DESCONTENTO

contento

contestar   responder, replicar   PREGUNTAR

convencer

conversación

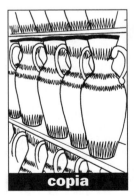

copia

continuamente siempre, constantemente

continuar seguir, persistir　CESAR

contratar negociar, acordar

control comprobación, verificación, examen

convencer persuadir

conveniente provechoso, útil, adecuado
INCONVENIENTE

convenio pacto, acuerdo, arreglo

conversación charla, diálogo, plática

convertir cambiar, tranformar

cooperar colaborar, ayudar　IMPEDIR

copia reproducción, duplicado, imitación
ORIGINAL

copla canto, estrofa

corona guirnalda, diadema

corpulento fornido, fuerte, robusto

correa cinturón, ceñidor

correcto 1. exacto, perfecto, justo　INCORRECTO
2. cortés, atento

corredor pasillo, pasadizo, callejón

corregir enmendar, retocar, modificar

correr apresurarse, precipitarse

corresponder escribir, comunicar

corriente ordinario, vulgar, común

cortadura corte, cortada

cortar tajar, rebanar, dividir, separar

cortés atento, afable, refinado   RUDO

corto 1. breve, conciso LARGO 2. pequeño, escaso 3. tímido, apocado

cosechar cultivar, recolectar

costa playa, ribera

costumbre hábito, uso, tradición, práctica

crear hacer, inventar, engendrar, establecer

crecer desarrollar, madurar, progresar
DISMINUIR

creer pensar, suponer, estimar

criada sirvienta, asistenta, doméstica

criar nutrir, alimentar, cuidar

crimen delito, fechoría

criminal malhechor, delincuente

criticar 1. juzgar, analizar 2. censurar, desaprobar

correr

cortar

criminal

cubrir

cuento

culebra

crudo verde, inmaduro, tierno

cruel brutal, despiadado, feroz   DONDADOSO

cruzar atravesar, pasar, entrelazar

cuaderno libreta, agenda, cartilla

cubrir proteger, esconder, tapar, envolver
EXPONER

cuchilla cuchillo, navaja

cuenta suma, total, cálculo, balance

cuentista chismoso, mentiroso

cuento 1. relato, narración, fábula 2. mentira, embuste

cuero piel, pellejo

cuesta pendiente, inclinación

cuestión asunto, caso, tema

cuidadoso atento, vigilante, esmerado
DESCUIDADO

cuidar atender, velar, asistir

culebra serpiente, sierpe

culpa 1. delito, falta 2. causa

culpable criminal, inculpado

culpar acusar, censurar

cultivar   arar, labrar

cumbre   cima, cúspide, pico

cumplimentar   alabar, elogiar, felicitar, halagar

cuota   parte, cantidad, cotización

curar   sanar, restablecer, remediar

curioso   indagador, inquisitivo, entrometido, indiscreto

curso   camino, dirección, recorrido, órbita, vía

curvar   torcer, encorvar, arquear

cúspide   pico, cima, cumbre

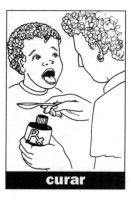

curar

curioso

dar

declaración

dañar estropear, perjudicar, arruinar, averiar

daño perjuicio, deterioro

dar regalar, ceder, entregar, donar, condeder, otorgar RECIBIR

dato 1. información, documento 2. nota, detalle

debate discusión, argumento, polémica

deber obligación, responsabilidad, compromiso

débil flojo, enfermizo, frágil FUERTE

decente correcto, honesto, honrado INDECENTE

decidir resolver, determinar, acordar

decir hablar, manifestar, explicar

declaración explicación, testimonio

declarar decir, exclamar, anunciar

decorar adornar, embellecer, ornar

defecto imperfección, deficiencia, error

defender proteger, sostener, amparar ATACAR

definido claro, preciso, exacto INCIERTO

definir explicar, describir, aclarar

deformar alterar, desfigurar, estropear

defraudar engañar, estafar, robar

dejar permitir, consentir, tolerar   PROHIBIR

deleite gozo, placer

delgado flaco   GORDO

deliberadamente premeditadamente, intencionalmente, adrede   ACCIDENTALMENTE

delicado fino, suave, frágil, sutil

delicioso sabroso, apetitoso, rico   DESABRIDO

delinear trazar, dibujar, pintar

delito culpa, crimen, infracción

demandar pedir, requerir, exigir

demoler derribar, deshacer   RESTAURAR

demonio diablo, malvado   SANTO

demostración exhibición, presentación

demostrar mostrar, presentar, exhibir

denso espeso, compacto, apretado

depositar poner, colocar, confiar   SACAR

deprimido triste, desanimado, desalentado
CONTENTO

derecho 1. recto, directo, erguido 2. facultad, poder

derramar verter, esparcir, desbordar

decorar

delicioso

demoler

derretir

derretir fundir, licuar

derribar derrumbar, tumbar, demoler

derrochar malgastar, desperdiciar, disipar
AHORRAR

desafío reto, provocación

desafortunado infeliz, desdichado
AFORTUNADO

desagadable molesto, fastidioso, repugnante
AGRADABLE

desalentado deprimido, abatido, desanimado
ALENTADO

desaparecer esfumarse, desvanecerse
APARECER

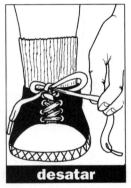

desatar

desarrollar madurar, crecer, prosperar

desastre tragedia, calamidad, catástrofe,
desgracia

desatar desconectar, separar, desamarrar   ATAR

descansar 1. reposar, yacer 2. calmarse

descanso quietud, vacación, respiro, reposo

descargar 1. quitar, aliviar, aligerar 2. disparar

descartar botar, abandonar, rechazar   RETENER

desconocido ignorado, anónimo, incierto
CONOCIDO

descansar

desconsiderado desatento, malcriado, grosero
CORTES

descontento disgustado, resentido, agraviado

describir definir, caracterizar, dibujar

descubrir encontrar, hallar, detectar

descuidado negligente, desconsiderado, inconsiderado, abandonado

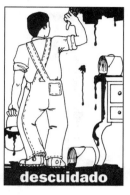

descuidado

desdichado infeliz, desgraciado, miserable

desecho sobras, residuo, despojo

desempacar desempaquetar, desenvolver

deseo anhelo, ansia, sueño, ambición

desfile parada, revista, procesión

desgracia pena, desdicha, calamidad

deshelar descongelar

desfile

deshonesto inmoral, deshonroso, falso
HONESTO

deslizarse resbalarse, escurrirse

deslumbrante brillante, radiante, resplande-ciente   OPACO

desmayarse 1. desvanecerse, desplomarse, 2. flaquear, desalentarse

deslizarse

desnudo desvestido, descubierto

desobediente

despacho

despertarse

desobediente rebelde, indócil   OBEDIENTE

desocupado vacío, libre, desalojado   OCUPADO

desocupar vaciar, evacuar   OCUPAR

desordenado descuidado, desarreglado, desorganizado   ORDENADO

despacho oficina, tienda

despedida despido, partida

despedir expulsar, descargar, echar

despejado claro, sereno

desperdiciar derrochar, malgastar, disipar AHORRAR

desperdicio deshecho, sobra, residuo, resto

despertarse despabilarse, levantarse   DORMIRSE

despierto sagaz, listo, avispado, alerta, vivo OBTUSO

despistar perder, desorientar

desplegar desdoblar, desenrollar

despojar quitar, hurtar, robar

destellante brillante, resplandeciente, reluciente

destinar dedicar, fijar

destruir arruinar, derrumbar, destrozar, demoler

desvanecerse esfumarse, desaparecerse, evaporarse

desvestir desnudar   VESTIR

detener parar, frenar, atajar

detestar odiar, aborrecer   AMAR

devoción fervor, celo, piedad

devolver retornar, restituir

devorar engullir, tragar, comer

diablo demonio, satanás

diagrama esquema, gráfico, figura

dibujar pintar, trazar, delinear, diseñar, esbozar

dicho refrán, proverbio

diestro experto, hábil, perito

diferente distinto, diverso   IGUAL

difícil duro, complicado, complejo   FACIL

dificultad complicación, inconveniente, obstáculo

digno 1. íntegro, honrado 2. merecedor   INDIGNO

dilema problema, conflicto, dificultad

detener

dibujar

diestro

disciplinar

discutir

distinguido

dimensión medida, tamaño

diminuto pequeño, menudo, enano

dinero capital, efectivo, moneda

dirigir gobernar, regir, mandar, conducir, manejar, guiar

disciplinar castigar, corregir

discípulo alumno, estudiante

discrepar disentir, discordar   CONSENTIR

discutir 1. examinar, debatir 2. argüir

disfrazar enmascarar, disimular

disgustado incomodado, descontento, resentido, agraviado   CONTENTO

disparar tirar, arrojar, descargar

dispensar administrar, ditribuir

dispersar esparcir, diseminar   UNIR

dispuesto preparado, listo

disputa debate, pelea, altercado

distinguido elegante, ilustre, noble

distinto 1. diferente, diverso 2. claro, definido

distribuir dispensar, dar, repartir

distrito territorio, sección, región, área, vecindario

disturbar perturbar, alterar, molestar

divertido jovial, alegre, festivo

dividir separar, partir   UNIR

divorcio separación, ruptura   MATRIMONIO

doblar plegar, torcer

dócil apacible, suave, sumiso, manso

doctor médico

documento título, certificado, dato

dolencia enfermedad, malestar

doler padecer, sufrir

dolor pena, angustia

donación obsequio, regalo

donar contribuir, dar, regalar

dormir reposar, descansar, yacer   DESPERTAR

dosis porción, ración, trozo

drama escena, melodrama, tragedia

droga medicamento, remedio, narcótico

duda indecisión, incertidumbre

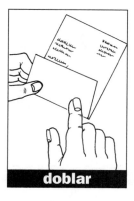
doblar

documento

dormir

duplicar

duelo 1. desafío, reto 2. dolor, aflicción, pesar

dulce suave, agradable, placentero   AMARGO

duplicar copiar, repetir, reproducir

duro sólido, firme, fuerte, resistente   BLANDO

echar lanzar, tirar, expulsar, botar

eclipse ocultamiento, desaparición, ansencia

económico ahorrador, barato

edad tiempo, duración, época

edición publicación, tirada

edificar construir, erigir, levantar   DERRIBAR

editar imprimir, publicar

educar enseñar, instruir, formar

efecto resultado, consecuencia, producto

egoísta egocéntrico, personal

ejecutivo dirigente, administrador, director, gerente

ejemplo modelo, patrón, regla

ejercicio 1. oficio, función 2. gimnasia, deporte

ejército tropa, milicia

elástico flexible   RIGIDO

elegante distinguido, refinado   ORDINARIO

elegir escoger, seleccionar

elemental básico, fundamental, primario
AVANZADO

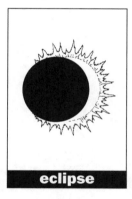

eclipse

egoísta

elevar

empapada

empujar

elevar subir, alzar, levantar   BAJAR

eliminar descartar, remover, excluir   INCLUIR

elogio alabanza, loa, adulación

eludir evadir, esquivar

emancipar salvar, librar, liberar, soltar   DETENER

embarcadero muelle, puerto

embotellamiento congestión, obstrucción, atasco

embutir llenar, meter

emergencia urgencia, crisis, aprieto

emocionante conmovedor, emocionante, sentimental

empacar encajonar, empaquetar, embalar

empapado mojado, húmedo   SECO

empezar comenzar, iniciar, principiar TERMINAR

emplear 1. contratar, colocar 2. usar, utilizar

empleo ocupación, trabajo, oficio, profesión

empujar impulsar, forzar, estimular

encaramar levantar, alzar, subir

encarcelar aprisionar, encerrar, arrestar

encargo mandado, misión, pedido

encerar brillar, pulir

encerrado cercado, vallado

encerrar 1. contener, incluir 2. guardar, aprisionar

encontrar descubrir, hallar, encarar PERDER

encontrar

encuentro 1. partido, contienda, juego 2. descubrimiento

enemigo rival, oponente, adversario, competidor AMIGO

energía fuerza, poder, vigor

énfasis realce, afirmación

enfermedad dolencia, achaque, malestar SALUD

enfermedad

enfrentar carear, confrontar

enfurecer enojar, irritar, exasperar

engañar mentir, estafar

engaño mentira, estafa

engreído vanidoso, arrogante, presuntuoso MODESTO

engullir tragar, devorar

engullir

enigma misterio, secreto

enojada

enseñar

ensuciar

enlace boda, matrimonio, nupcias, unión, casamiento

enlazar ligar, unir, atar

enmarcar encuadrar

enmascarar disimular, disfrazar

enmugrar ensuciar, tiznar, manchar

enojado irritado, molesto, enfurecido

enorme gigantesco, inmenso, colosal   PEQUEÑO

enredador chismoso, mentiroso

enredo 1. maraña, lío 2. engaño, mentira

enrolar registrar, matricular, inscribir

ensayar probar, experimentar

ensayo ensayo, prueba, experimento

enseñar instruir, educar

ensuciar tiznar, manchar, enmugrar

entender comprender, concebir, penetrar

entero completo, íntegro, total   PARCIAL

enterrar sepultar, ocultar, esconder

entorpecer retardar, dificultar, embrutecer

entrar pasar, penetrar, caber

entregar dar, conceder, facilitar   RECIBIR

entrenar ejercitar, adiestrar

entretenido divertido, interesante   ABURRIDO

entusiasta apasionado, admirador   INDIFERENTE

envidioso celoso

envolver cubrir, tapar, empaquetar, liar
DESENVOLVER

entrenar

equipar proveer, surtir, aprovisionar

equipo grupo, tripulación, banda

equivocación falta, error, yerro

erigir elevar, alzar, construir, edificar   DEMOLER

errabundo vagabundo, nómada

error falta, equivocación, inexactitud

erigir

escalar subir, trepar, ascender   BAJAR

escape fuga, evasión, salida

escasez 1. insuficiencia 2. penuria, pobreza
ABUNDANCIA

escaso corto, poco, limitado   ABUNDANTE

escena tablas, escenario

escolta acompañamiento, guardia

escasez

esconder

escultura

espectáculo

esconder ocultar, encubrir   REVELAR

escultura estatua, modelo

escritura escrito, caligrafía

escuálido delgado, flaco, raquítico

esencia 1. ser, naturaleza, carácter 2. aroma, olor, fragancia

esencial importante, necesario, principal, básico   SECUNDARIO

esfumarse desvanecerse, desaparecer, evaporarse

espacio campo, zona, área

espacioso ancho, amplio, vasto, extenso

especial singular, adecuado, particular GENERAL

espectacular fabuloso, maravilloso, espléndido, soberbio, magnífico

espectáculo función, diversión, fiesta

especular 1. comerciar, negociar 2. pensar, meditar

esperar anticipar, aguardar

espiar vigilar, atisbar, observar

espíritu alma, ánima

espita grifo, canilla

espléndido fabuloso, maravilloso, soberbio, espectacular, magnífico

esposa mujer, cónyuge, consorte

esposo cónyuge, consorte, marido

establecer fundar, crear, organizar, formar

estación parada, detención

estación

estafa robo, timo

estampar imprimir

estampida desbandada, carrera, fuga

estampilla sello

estante armario, repisa, anaquel

estatua imagen, figura, escultura

estante

estéril 1. árido, infecundo 2. inútil, vano

estimar 1. calcular, evaluar, tasar, valorar 2. apreciar, querer

estimular alentar, animar   DESANIMAR

estirar alargar, prolongar, extender   ENCOGER

estómago vientre, abdomen, buche, panza, barriga

estirar

estrecho angosto, apretado, ajustado   ANCHO

estrujar

estudiante

examen

estregar restregar, frotar

estrella 1. artista, actor, 2. destino, fortuna, suerte

estremecer vibrar, temblar, sabresaltar

estricto riguroso, preciso, exacto

estropear dañar, maltratar, deteriorar

estrujar apretar, exprimir

estudiante alumno, escolar, colegial

estúpido idiota, tonto, torpe   INTELIGENTE

etiqueta letrero, rótulo

evadir rehuir, evitar, eludir

evento acontecimiento, suceso

evidencia hechos, prueba

exactamente precisamente, justamente, correctamente

exagerar agrandar, aumentar, amplificar
ATENUAR

exaltado frenético, histérico, nervioso
TRANQUILO

examen prueba, ensayo

examinar observar, estudiar, analizar, probar

excelente sobresaliente, espléndido, superior
INFERIOR

excepcional notable, raro, único, extraordinario ORDINARIO

excepto a menos, salvo, fuera de

excitado entusiasmado, apasionado, ansioso
INDIFERENTE

excursión viaje, paseo, salida, caminata

excusa disculpa, pretexto

excusar perdonar, absolver, disculpar

exhausto cansado, fatigado, agotado ENERGICO

exhibir mostrar, demostrar, presentar OCULTAR

exilio destierro, deportación

expandir extender, crecer, agrandar, aumentar, dilatar REDUCIR

expedición viaje, peregrinaje

explicar aclarar, exponer, contar

explorar investigar, examinar, buscar

explosión estallido, reventón

expreso rápido, pronto LENTO

exquisito fino, refinado, delicado

exhausto

expedición

explosión

extraño

extraviado

expulsar echar, despedir, arrojar　ADMITIR

extender agrandar, aumentar, prolongar, expandir, crecer, agrandar　REDUCIR

extenso vasto, ancho, amplio

exterminar destruir, matar, aniquilar

extinguir apagar, agotar

extinto apagado, muerto

extra 1. adicional, 2. extraordinario, superior

extranjero forastero, extraño

extraño raro, singular, insólito

extraordinario especial, excepcional, estupendo, notable, memorable, extra　ORDINARIO

extraviado perdido, despistado

extremo 1. último 2. intenso 3. excesivo, sumo　MODERADO

fabricar hacer, producir, construir

fábula cuento, leyenda, mito

fabuloso maravilloso, espléndido

facción partido, grupo

faceta cara, lado

fácil sencillo, simple, elemental   DIFICIL

facsímil o **facsímill** copia, reproducción, imitación

faena tarea, trabajo, oficio, quehacer

faja banda, lista, tira

falso 1. equivocado, incorrecto, mentira
VERDADERO 2. imitación, fingido, ficticio   REAL

falta 1. ansencia, escasez 2. error, equivocación

fallar fracasar, perder   TRIUNFAR

fallo sentencia, resolución, decisión

fama reputación, celebridad, gloria

familia matrimonio, parentela, parientes

familiar común, corriente

famoso célebre, renombrado, afamado

fanático 1. intolerante 2. apasionado

faena

familia

fantástico

farmacéutica

fértil

fantasma espectro, visión, espíritu

fantástico increíble, extraordinario, excepcional, magnífico, maravilloso   ORDINARIO

fardo paquete, bulto

farmacéutico boticario

fascinante interesante, excitante, cautivante, encantador   ABURRIDOR

fastidioso molesto, desagradable

fatiga cansancio, agotamiento   DESCANSO

favorito preferido, predilecto, mimado

fe creencia, confianza, esperanza

feliz contento, alegre, satisfecho, afortunado, dichoso   INFELIZ

feo horrible, repulsivo, malcarado, horroroso   HERMOSO

feria mercado, exposición, festival, bazar

feroz fiero, salvaje, brutal, cruel, bárbaro   MANSO

fértil fecundo, abundante, rico, productivo   ESTERIL

festivo entretenido, alegre, jovial, divertido

fetidez hedor, hediondez

fiel   leal, seguro, honrado

fiesta   festividad, conmemoración

figura   forma, imagen, físico

fijar   clavar, asegurar, pegar, sujetar

fila   línea, hilera, cola

filtrar   colar, destilar, purificar, separar

final   fin, término, conclusión   PRINCIPIO

finalizar   completar, concluir, terminar, acabar
COMENZAR

firma   1. compañía, negocio, empresa   2. rúbrica,
nombre, seña

firme   duro, sólido, rígido, inflexible   FLEXIBLE

flaco   delgado, magro, consumido   GRUESO,
GORDO

flexible   elástico, dócil, manejable   RIGIDO

flojo   débil, enfermizo, lánguido   FUERTE

florecer   crecer, prosperar, desarrollarse

fluido   líquido

fluir   manar, brotar, correr

fogoso   ardiente, impetuoso, caluroso   FRIO

folleto   libreta, cartilla, panfleto

fila

flaco

florecer

fotografía

fuego

fuerte

fondo　base, fundamento, asiento

forma　1. modo, manera　2. aspecto, apariencia

formar　hacer, crear, moldear, modelar

forro　tapa, cubierta, funda

fortuna　suerte, ventura, azar

forzar　1. obligar, impulsar　2. violentar, violar

fotografía　retrato, foto

fracasar　fallar, malograr　TRIUNFAR

fracción　parte, porción, fragmento

fracturar　romper, quebrar, partir

frágil　débil, delicado, quebradizo　FUERTE

frecuentar　conocer, tratar, relacionarse

fregar　estregar, frotar

frenético　exaltado, histérico, nervioso
CALMADO

frío　helado, congelado, glacial　CALIENTE

fuego　llama, incendio, fogata, hoguera

fuerte　1. robusto, vigoroso, poderoso　DEBIL
2. duro, resistente

fuerza　vigor, potencia　DEBILIDAD

funda tapa, cubierta, forro

fundación 1. establecimiento, organización, institución 2. principio, origen

fundamental principal, esencial, importante, necesario, vital

fundir 1. derretir, licuar 2. unir, combinar, mezclar   SEPARAR

furia rabia, ira, cólera

furioso airado, furibundo, colérico   SERENO

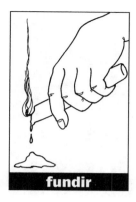

fundir

gastado

gimnasia

gabinete sala, pieza, cuarto, aposento

gaceta periódico, diario

gallardo apuesto, airoso, valiente

gana deseo, ansia, apetito

ganar 1. obtener, conseguir, conquistar 2. merecer, lograr

garantía seguridad, protección

gastado raído, usado, viejo, ajado

gastar consumir, invertir, disipar   AHORRAR

gemir quejarse, lamentarse, dolerse

general 1. universal, común, vago 2. oficial, militar

generoso liberal, benévolo, bondadoso   AVARO

genio caracter, índole

gentío multitud, muchedumbre, aglomeración

genuino real, verdadero, puro, auténtico, original   FALSO

gesto expresión, semblante, mueca

gigante coloso, enorme, gigantesco, inmenso, PEQUEÑO

gimnasia ejercicio, deporte

girar voltear, virar, rodar

giro vuelta, rotación

glaciar helero

globo esfera, tierra, mundo, universo

glorioso grandioso, magnífico, espléndido, sensacional, maravilloso

glaciar

gobernar regir, controlar, comandar, dirigir, manejar, supervisar, mandar

golpear pegar, azotar, herir

goma cola, adhesivo

gordo corpulento, obeso, pesado   FLACO

gozar 1. disfrutar 2. poseer

grabar tallar, esculpir

golpear

gracioso atractivo, chistoso, divertido

graduarse diplomarse, licenciarse, avanzar

grande 1. crecido, vasto, extenso 2. importante

grandioso enorme, soberbio, majestuoso

granja hacienda, quinta, finca

grasa aceite, manteca, lubricante

grato agradable, atractivo, placentero
DESAGRADABLE

gordo

grieta

grupo

guardar

grieta abertura, hendedura

grifo espita, canilla

griterío alboroto, bullicio   SILENCIO

grito alarido, aullido, chillido

grosero rudo, vulgar, ordinario, basto   CORTES

grotesco extravagante, ridículo, desfigurado

grueso gordo, grande, corpulento   FLACO

gruñir quejarse, murmurar

grupo 1. conjunto, serie, colección 2. banda, equipo, tripulación

guapo atractivo, bonito, hermoso

guardar conservar, preservar, proteger, defender, asegurar

guerra batalla, pelea, combate, conflicto

guiar manejar, conducir, dirigir

guirnalda corona

gustar querer, desear, apetecer   DISGUSTAR

gustoso sabroso, placentero, agradable
DESAGRADABLE

hábil diestro, capaz　TORPE

hábito costumbre, uso, práctica, rutina

hablar decir, expresar, conversar, charlar, pronunciar　CALLAR

hada hechicera, duende

halar tirar, arrastrar, jalar

hallar encontrar, descubrir, notar

hambre 1. apetito 2. deseo, gana, anhelo

haragán holgazán, perezoso, zángano DILIGENTE

hebra hilo, fibra

hechizado embrujado, encantado

hedor fetidez, peste

helado frío, gélido, glacial

helar refrigerar, enfriar

herida llaga, lesión

herir lesionar, lastimar, dañar

hermoso bonito, atractivo, bello, lindo　FEO

heroico bravo, valiente, intrépido

herramienta instrumento, artefacto, aparato

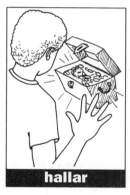

hallar

helado

holgazán

horrible

huellas

herrumbroso oxidado, mohoso

higiénico sanitario, limpio

hilo hebra

hipnotizar adormecer, sugestionar

histérico trastornado, agitado   TRANQUILO

historia cuento, fábula, relato

hogar casa, residencia, morada

holgazán perezoso, haragán   DILIGENTE

hombre persona, sujeto, varón

homicidio asesinato, crimen

honrado íntegro, recto, sincero, ético, moral
FALSO

horario plan, programa

horrible espantoso, horroroso

hostil contrario, opuesto, desfavorable

hotel pensión, hostería, posada

hoyo agujero, cavidad, hueco

huella rastro, pista

huésped invitado, convidado

huir escapar, arrancar, alejarse, perderse

húmedo mojado, empapado SECO

humilde modesto, sencillo, simple ORGULLOSO

humillado avergonzado, mortificado

humorístico cómico, gracioso, jocoso

hundir 1. sumir 2. destruir, arruinar

huracán ciclón, tornado, tifón

huraño arisco, insociable, desconfiado

hurtar robar, despojar, quitar

huracán

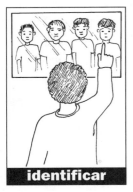

identificar

iglesia

idea pensamiento, noción, concepto

identificar distinguir, reconocer

idiota imbécil, estúpido, necio, tonto, LISTO

iglesia parroquia, templo, catedral

ignorante inculto, analfabeto, iliterato

ignorar desconocer SABER

igual equivalente, idéntico, mismo DISTINTO

ilegal ilícito, criminal, prohibido, ilegítimo, clandestino LEGAL

ilustrar dibujar, trazar, diseñar

imaginar 1. pensar, suponer, creer, figurarse 2. concebir

imbécil idiota, estúpido, necio, tonto, insensato LISTO

imitar copiar, repetir, duplicar

impaciente ansioso, inquieto, agitado PACIENTE

impar non, desigual PAR

implorar rogar, pedir, solicitar

importante principal, esencial, fundamental, vital

importunar molestar, fastidiar, asediar

imposible 1. inconcebible, absurdo
2. irrealizable POSIBLE

improviso imprevisto, súbito, repentino

imprudente precipitado, indiscreto PRUDENTE

impuesto tributo, contribución, cuota

impulsar impeler, mover, empujar SUJETAR

inaceptable intolerable, inadmisible ACEPTABLE

incapaz inepto, inhábil, torpe CAPAZ

incidente suceso, ocurrencia, ocasión

incierto inseguro, dudoso, ambiguo CIERTO

incinerador horno, quemador

inclinación vocación, disposición, aptitud

inclinar bajar, desviar, torcer, ladear

incluir contener, abarcar, encerrar EXCLUIR

incómodo molesto, difícil COMODO

incompleto falto, parcial COMPLETO

inconsciente desmayado, sin sentido
CONSCIENTE

inconsiderado imprudente, irrespetuoso
CONSIDERADO

incorrecto imperfecto, erróneo, equivocado
CORRECTO

implorar

impulsar

inclinar

incubar

inesperado

inflar

increíble inverosímil, inconcebible, asombroso, absurdo, fantástico

incrementar aumentar, agrandar, extender, añadir   DISMINUIR

incubar empollar, crear

indagar buscar, averiguar, investigar

indeciso dudoso, vacilante, inseguro   DECIDIDO

independiente autónomo, libre   DEPENDIENTE

indicar mostrar, demostrar, señalar

indispuesto enfermo, malo, doliente

indistinto confuso, vago   CLARO

inepto incapaz, inhábil, inútil

inesperado súbito, repentino, imprevisto   ESPERADO

infectar contaminar, contagiar, corromper

infiel desleal, traidor   FIEL

inflar hinchar, abultar   DESINFLAR

inflexible firme, rígido, constante   FLEXIBLE

influencia poder, autoridad, influjo

información informe, noticia

informar contar, notificar, comunicar, anunciar

infortunio desgracia, fatalidad, revés   SUERTE

ingenio talento, destreza

ingrato desagradecido, desagradable

ingrediente parte, elemento, factor, componente

ingrediente

ingreso ganancia, entrada, salario, pago

injusto inmerecido, abusivo, parcial   JUSTO

inmediatamente ya, ahora, en seguida   DESPUES

inmenso enorme, vasto, gigante, colosal
PEQUEÑO

inocente sin culpa, sencillo, cándido   CULPABLE

inquieto agitado, intranquilo, impaciente
QUIETO

inmenso

inquilino ocupante, arrendatario

inquirir preguntar, averiguar, investigar

inquisitivo curioso, entrometido, averiguador

inseguro peligroso, arriesgado   SEGURO

insensato imprudente, irrazonable, necio
SENSATO

insensible duro, apático, impasible   SENSIBLE

insignia símbolo, emblema, bandera

inseguro

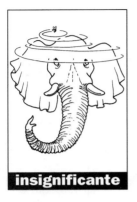

insignificante

inspeccionar

instrumento

insignificante trivial, escaso, desdeñable
IMPORTANTE

insistir instar, apremiar, persistir

insólito raro, extraño   COMUN

inspeccionar examinar, observar, estudiar, revisar

inspirar influir, sugerir, inculcar, persuadir

instantáneo inmediato, rápido, pronto

instar insistir, urgir, apurar

institución centro, organización, establecimiento

instruir enseñar, educar, informar

instrumento aparato, artefacto, herramienta

insultar ofender, afrentar, agraviar

íntegro completo, entero

inteligente sabio, instruido, enterado, entendido   IGNORANTE

intercambio permuta, cambio, canje

interesante atractivo, cautivante, fascinante
ABURRIDOR

interferir inmiscuirse, perturbar

intermisión interrupción, intermedio, entreacto

interpretar explicar, representar, clarificar

interrumpir cortar, detener, impedir

intriga trama, complot, artimaña

introducir meter, incluir, insertar

inundación desbordamiento, diluvio

inundación

inútil inservible, innecesario, vano

inválido minusválido, enfermo, tullido
SALUDABLE

invasión ataque, usurpación

inventar crear, idear, descubrir

investigar buscar, averiguar, explorar, examinar, inspeccionar, estudiar

invitar convidar, proponer, animar

irse

ir acudir, llegar, seguir, dirigirse

ira furia, cólera, enojo

irritable colérico, irascible, susceptible

irritar enojar, exasperar, enfadar   SOSEGAR,
CALMAR

irse alejarse, dirigirse, marcharse

izar levantar, subir

izar

jactarse alardear, alabarse, presumir

jalar tirar, halar

jardín parque, vergel

jefe patrón, superior, dueño, gerente

jornada viaje, camino, recorrido, día

jornal pago, salario, sueldo

joven 1. adolescente, mozo 2. reciente, nuevo, actual   VIEJO

jovial alegre, festivo, divertido

joya alhaja, gema, piedra preciosa

juez magistrado, árbitro

jugar 1. entretenerse, distraerse 2. especular, apostar

juicio 1. veredicto, sentencia, fallo 2. criterio, entendimiento 3. opinión

juntar reunir, acumular, unir, relacionar   SEPARAR

juramento voto, promesa

justo recto, honrado, correcto   INJUSTO

justicia imparcialidad, derecho, rectitud
INJUSTICIA

juventud adolescencia, mocedad, pubertad
VEJEZ

jardín

juez

labor trabajo, tarea, faena, quehacer, ocupación

laborar trabajar, obrar

labranza cultivo, agricultura

ladear inclinar, torcer

lado 1. costado, borde, flanco, orilla 2. lugar, paraje

ladrón malhechor, bandido, ratero

lamentarse llorar, gemir, quejarse, dolerse

lámina 1. plancha, chapa 2. estampa

lámpara farol, candil, reflector

lánguido débil, decaído, enfermizo

lancha embarcación, bote

lanzar arrojar, tirar, despedir, enviar

laborar

largar soltar, aflojar, tirar, arrojar, deshacerse, lanzar

largo alargado, extenso   CORTO

lástima piedad, compasión, misericordia
DESPRECIO

lastimar herir, dañar, injuriar

latente escondido, oculto

lamentarse

lavado limpieza, enjuague, irrigación

lavar

letrero

levantar

lavar limpiar, enjuagar, bañar

lazo nudo, unión, vínculo

leal fiel, sincero, confiable   DESLEAL

lección clase, enseñanza, explicación

lectura conferencia, plática

legal lícito, permitido, legítimo, autorizado
ILEGAL

lejos lejano, remoto, alejado   CERCA

lengua idioma, lenguaje, habla

lento tardo, calmoso, tardío

lesión contusión, llaga, herida

letrero anuncio, título, cartel, rótulo

levantar izar, subir, elevar   BAJAR

levantarse pararse   SENTARSE

leve ligero, liviano, insignificante

ley regla, costumbre, ordenanza, estatuto

leyenda cuento, historia, fábula, mito

liar atar, unir, envolver

libertad independencia, emancipación,
autonomía

librar libertar, soltar, emancipar, salvar   DETENER

liga alianza, unión, grupo

ligero 1. liviano, leve 2. rápido, veloz

limar raspar, pulir

límite fin, final, meta, frontera

limpiar asear, lavar, purificar   ENSUCIAR

lindo bonito, bello, hermoso, atractivo   FEO

líquido fluido   SOLIDO

liso llano, terso, raso   ARRUGADO

listo inteligente, astuto, despierto, sagaz, avispado, vivo   TONTO

liviano leve, ligero   PESADO

locación arriendo, alquiler

loco demente, perturbado   CUERDO

lógico justo, razonable, racional   ILOGICO

lotería rifa, sorteo

lugar 1. sitio, punto, puesto 2. ciudad, pueblo, aldea

lujoso suntuoso, ostentoso, grandioso, espléndido

luz rayo, destello, resplandor, fulgor   OSCURIDAD

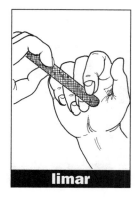

limar

liviano

luz

llave

llaga lesión, herida

llama fuego, ardor

llamada aviso, nota, advertencia

llamear arder, refulgir, brillar

llano plano, liso, raso, igual, terso

llave 1. herramienta, instrumento
2. picaporte, grifo

llegar venir, alcanzar, acercarse

llenar ocupar, colmar, henchir   VACIAR

lleno colmado, relleno, repleto   VACIO

llevar transportar, trasladar, guiar, conducir

llorar lamentar, deplorar, sollozar

llovizna rocío, mollizna

lluvia aguacero, chaparrón, precipitación

macizo sólido, compacto, firme

machacar moler, triturar, aplastar, quebrantar

maduro adulto, sazonado, desarrollado

maestría arte, habilidad, destreza

maestro 1. profesor, preceptor, educador
2. hábil, diestro

magia brujería, hechicería, encantamiento

magnético atrayente, cautivador

magnífico admirable, grandioso, majestuoso, espléndido, soberbio, glorioso

maldecir condenar, imprecar

malestar molestia, incomodidad, inquietud

malgastar derrochar, desperdiciar, disipar
AHORRAR

maestro

malhumorado irritable, irascible

maligno malo, perverso, malvado   BENIGNO

malo ruin, perverso, maligno, perjudicial, peligroso, nocivo, desalmado, malicioso, malvado, desagradable   BUENO

maltratar abusar, molestar, dañar

malvado malo, perverso, maligno, ruin
BONDADOSO

malhumorado

77

manchado

manchado sucio, mugriento, tiznado LIMPIO

manchar ensuciar, tiznar, enlodar   LIMPIAR

mandar 1. remitir, enviar 2. gobernar, regir, reinar

manejar conducir, dirigir, guiar, controlar, gobernar, supervisar

manera modo, estilo, método, procedimiento

manso dócil, tímido, suave, apacible   BRAVO, REBELDE

mapa

mantener conservar, preservar, sostener

manual sumario, directorio, guía

manufacturar fabricar, hacer, crear, producir

mapa plano, carta

maratón competencia, carrera

maravilloso admirable, asombroso, extraordinario, espléndido, soberbio   ORDINARIO

marca 1. calificación, nota 2. señal, huella

marcha caminata, paseo, jornada

margen orilla, borde, ribera

marido esposo, cónyuge, consorte

máscara

máscara 1. antifaz, mascarilla, 2. disimulo, disfraz, fingimiento

matar ejecutar, asesinar, sacrificar

matrimonio boda, enlace, nupcias, unión, casamiento

máximo 1. extremo, tope, límite 2. apogeo, cúspide, sumo   MINIMO

mayor superior, jefe, principal

mecánico técnico, maquinista

mecánico

mecanismo dispositivo, instrumento, artefacto

mecer balancear, columpiar

medalla premio, honor, galardón

medicina remedio, medicamento, fármaco

médico doctor, cirujano

medidor contador

mecanismo

medio 1. mitad, centro 2. método, manera 3. ambiente, espacio

medir calcular, determinar, apreciar

mejorar adelantar, perfeccionar   EMPEORAR

melodía melodía, canto, aria

menor 1. inferior, pequeño 2. niño   MAYOR

mensaje aviso, recado, comunicación, carta, misiva

mecer

mercado

millonario

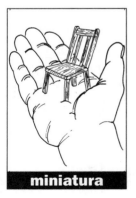

miniatura

mente inteligencia, entendimiento, intelecto

mentira engaño, falsedad   VERDAD

mercado feria, plaza

mérito merecimiento, estimación

mermelada confitura, compota

meta fin, término, final, objetivo, propósito, intento

método plan, procedimiento, norma, sistema, modo

mezclar juntar, unir, combinar, incorporar

mezquino avaro, miserable, egoísta, infeliz GENEROSO

miedo temor, alarma, pánico, terror

milagroso maravilloso, extraordinario, misterioso

milicia tropa, ejército, guardia

millonario rico, adinerado, acaudalado

mimar acariciar, halagar, consentir

miniatura pequeño, minúsculo   GIGANTE

mínimo menor, mínimum, ínfimo   MÁXIMO

ministro pastor, sacerdote

minuto　instante, momento

mirada　ojeada, vistazo

mirar　ver, observar, contemplar

miserable　1. triste, desdichado, infeliz
2. perverso, canalla

misericordia　lástima, piedad, compasión

misión　cometido, tarea, faena

misterio　enigma, secreto

mitad　medio, centro, corazón

mitigar　aliviar, calmar, disminuir

mito　fábula, historia, leyenda, ficción, cuento

moda　uso, novedad, boga, estilo

modelar　formar, crear, esculpir, moldear

modelo　muestra, copia, ejemplo, tipo

moderno　nuevo, reciente, actual　ANTIGUO

modo　manera, forma, medio, método

mohoso　oxidado, herrumbroso

mojado　empapado, húmedo　SECO

moldear　formar, esculpir, modelar

moler　triturar, machacar, deshacer, pulverizar

mitad

modelo

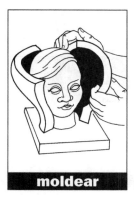

moldear

moneda

mozo

muelle

molestar fastidiar, estorbar, incomodar

molesto desagradable, fastidioso

monarca rey, soberano

moneda dinero, caudal

monótono aburridor, tedioso, latoso
INTERESANTE

monstruo ogro, demonio, diablo

montar 1. armar, instalar 2. encaramar, subir

montón pila, cúmulo, acumulación

morir fallecer, perecer, sucumbir NACER

mostrar enseñar, exhibir, presentar OCULTAR

motín revolución, conmoción, rebelión

motivo causa, razón, móvil

movimiento moción, actividad, circulación

mozo joven, adolescente, muchacho

mucho numeroso, abundante, demasiado POCO

mudar transformar, cambiar, cambiarse

mudo callado, silencioso

muelle embarcadero, puerto

muerto difunto, cadáver, extinto VIVO

muestra 1. señal, indicación 2. prueba, modelo

mugriento sucio, tiznado, manchado   LIMPIO

multa castigo, sanción

mundo universo, orbe, cosmos, creación

muralla muro, pared

murmurador criticar, desacreditar, chismear

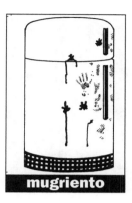

mugriento

nacimiento comienzo, origen, infancia, principio   MUERTE

nación país, patria, tierra

nadar flotar, bañarse, sostenerse

narcótico droga, estupefaciente, sedante

narrar contar, relatar, explicar

natural genuino, real, puro   ARTIFICIAL

naturalmente espontáneamente, fácilmente

nave embarcación, navío, buque

necedad tontería, estupidez, desatino

necesario importante, esencial, indispensable, requerido   INNECESARIO, SUPERFLUO

necesitar requerir, precisar

nacimiento

necio 1. terco, obstinado, testarudo 2. incapaz, tonto

negocio 1. comercio, negociación 2. profesión, trabajo

nervioso irritable, agitado, tenso, inquieto CALMADO

niebla bruma, neblina, vapor

niña chica, muchacha

negocio

niño chico, crío, muchacho

nítido limpio, transparente

nivel altura, grado, horizontalidad

nombrar llamar, designar, denominar

normal regular, usual, típico, ordinario
ANORMAL

nota mensaje, aviso, apunte, comentario

notable 1. estimable, valioso, relevante
2. distinguido

notar 1. ver, observar, percibir, mirar
2. señalar, marcar

notificar contar, comunicar, avisar, informar

novedad noticia, nueva, suceso

nublado nuboso, encapotado   DESPEJADO

número 1. cifra, dígito 2. cantidad, cuantía

numeroso muchos, varios, abundante, copioso
POCO

nupcias boda, matrimonio, enlace, unión,
casamiento

nutrir alimentar, mantener

niña

niño

nutrir

objetar

obstáculo

obedecer acatar, cumplir, responder
DESOBEDECER

obediencia respeto, sumisión, acatamiento
DESOBEDIENCIA

obeso gordo, corpulento, pesado, robusto
FLACO

objetar oponer, refutar, rebatir, discrepar

objetivo meta, fin, motivo

objeto 1. cosa, artículo 2. tema, asunto

obligación deber, exigencia, compromiso

obligar forzar, presionar, compeler

obrar trabajar, laborar, hacer

obrero trabajador, operario, asalariado, peón

obsequio regalo, recuerdo

observar 1. ver, mirar, vigilar 2. obedecer,
acatar

obstáculo dificultad, barrera, obstrucción

obstinado terco, necio, testarudo, tenaz,
inflexible   DOCIL

obstrucción impedimento, dificultad, barrera,
obstáculo

obtener conseguir, recibir, lograr

obvio evidente, manifesto, claro   OCULTO

ocasión chance, oportunidad

ocasionar causar, producir, motivar

ocioso desocupado, holgazán, perezoso

ocultar esconder, tapar   DESCUBRIR

ocupación trabajo, oficio, empleo, profesión, cargo

ocupar 1. llenar 2. habitar 3. emplear

ocurrir pasar, suceder, acontecer

odiar detestar, aborrecer   AMAR

odiar

ofensivo insultante, repugnante, asqueroso

oficina despacho, dirección, departamento

oficio empleo, cargo, ocupación, labor, quehacer, faena

ogro diablo, demonio, monstruo

ogro

oír escuchar, percibir, atender

ojeada vistazo, mirada, vista

olor 1. esencia, aroma, fragancia 2. fetidez, hedor, pestilencia

olvidar omitir, dejar, descuidar   RECORDAR

omisión 1. olvido, descuido 2. abstención, exclusión

oír

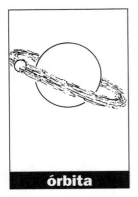

órbita

ordenar

original

omitir callar, suprimir, excluir, dejar   INCLUIR

operar trabajar, negociar, obrar

opinión juicio, parecer, criterio, perspectiva

oponente enemigo, competidor, rival, adversario   AMIGO

oponer enfrentar, resistir, contrarrestar, estorbar

oportunidad ocasión, chance

oportuno apropiado, propio, adecuado

optimista confiado, positivo   PESIMISTA

oral verbal, bucal

orbe mundo, universo

órbita curva, círculo, recorrido

orden 1. regla, método, sistema 2. mandato, ordenanza

ordenado arreglado, cuidadoso   DESORDENADO

ordenar 1. arreglar, organizar 2. mandar

ordinario común, normal, usual, corriente, regular

organizar arreglar, ordenar

original auténtico, único, verdadero, genuino
COPIA

orilla borde, margen

ornamento decoración, adorno

ornar decorar, embellecer, adornar

osado audaz, atrevido, arriesgado   TIMIDO

oscuro sombrío

otro distinto, diferente

oxidado mohoso, herrumbroso

osada

palacio

paquete

paciencia tolerancia, conformidad, aguante
IMPACIENCIA

pacífico tranquilo, quieto, calmado, sereno
AGRESIVO

pacto convenio, acuerdo, arreglo, tratado

pago salario, sueldo

país nación, patria

palacio castillo, mansión

pálido descolorido, deslucido   COLORIDO

paliza tunda, zurra

palmada bofetón, golpe

palpar tocar, tentar

pandilla banda, facción, cuadrilla

pánico miedo, terror, alarma, espanto   PAZ

panorama paisaje, vista, perspectiva

pantuflas zapatillas

paño tela, tejido, lienzo

paquete fardo, bulto, lío

parada 1. detención, alto, pausa 2. estación, estacionamiento

parar detener, inmovilizar, interrumpir, estacionar

pararse levantarse   SENTARSE

parecido semejante, similar   DISTINTO

parte porción, pedazo, trozo

participar colaborar, contribuir, cooperar

partido contienda, encuentro, juego

partir 1. marcharse, ausentarse, salir   2. cortar, romper

pasadizo vestíbulo, pasillo, corredor

pasado anterior, remoto, antiguo, pretérito

pasaje billete, peaje, impuesto

pasar 1. suceder, ocurrir   2. transcurrir 3. entrar, transitar   SALIR

paseo caminata, excursión, salida

pasillo vestíbulo, corredor, pasadizo

pasta masa, empaste

patrocinar proteger, favorecer, ayudar

patrón jefe, amo, superior

patrulla destacamento, ronda, cuadrilla

pausa descanso, reposo

peaje pasaje, cuota, impuesto

parecido

partido

patrón

pedazo

peligro

peluca

peatón transeúnte, paseante

pecado falta, culpa, infracción

peculiar propio, particular, singular, distintivo

pedazo trozo, parte, porción

pedestal base, fundamento　CIMA

pedir preguntar, solicitar, requerir, reclamar, exigir

pegar 1. adherir, unir 2. castigar, maltratar, azotar, zurrar

pelear luchar, reñir, combatir

peligro riesgo, amenaza

pelotón grupo, escuadra

peluca postizo

pellejo cuero, piel

pena tristeza, dolor, agonía, sufrimiento ALEGRIA

pensar creer, opinar, considerar, meditar, razonar

pender colgar, suspender

peña roca, piedra

pequeño chico, menudo, diminuto, corto, escaso　GRANDE

pérdida daño, perdición

perdido extraviado, despistado

perdonar absolver, excusar, dispensar
CONDENAR

perdurar persistir, durar, quedar

perezoso holgazán, vago, haragán, zángano
DILIGENTE

perdonar

perforar agujerear, taladrar, picar, punzar,
pinchar

periódico noticiero, diario, gaceta

período época, etapa, fase

perjuicio daño, quiebra, pérdida

permanente firme, fijo, estable   TEMPORAL

permitir dejar, consentir   PROHIBIR

permuta cambio, canje, intercambio

periódico

perseguir seguir, acosar, cazar, buscar

persona individuo, sujeto, hombre

persuadir convencer, decidir

perverso malo, ruín, maligno

pesado gordo, obeso, corpulento, robusto
FLACO

perseguir

93

pico

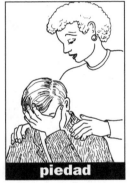
piedad

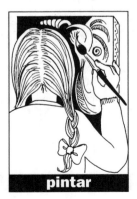
pintar

pesimista amargado, triste, negativo　OPTIMISTA

peste plaga, epidemia

piadoso devoto, religioso　IMPIO

picante sazonado, condimentado

picar punzar, pinchar, perforar, agujerear, taladrar

pico cima, cumbre, cúspide

piedad compasión, lástima, misericordia

piedra roca, peña

piel pellejo, cuero, epidermis

pila cúmulo, montón

pillar pescar, atrapar, coger, agarrar

pillo canalla, bribón

pinchar picar, punzar

pintar dibujar, colorear, teñir

piso 1. suelo, pavimento 2. alto, planta

pista rastro, huella, señal

pistola arma, revólver

placentero agradable, grato, gustoso
DESAGRADABLE

plan idea, intento, intención, propósito, proyecto

planchar alisar, desarrugar

plano llano, liso, raso

plantar poner, colocar   COSECHAR

playa ribera, costa

pobre indigente, necesitado, mendigo, pordiosero   RICO

poderoso 1. potente, fuerte 2. eficaz, activo

poesía verso, poema, trova

policía alguacil, agente, vigilante

poluto contaminado, manchado   PURO

poner colocar, situar, aplicar   SACAR

ponzoña veneno, toxina

populacho chusma, gentuza

popular 1. favorito, estimado, querido IMPOPULAR 2. común, vulgar, usual   RARO

porción parte, pedazo, trozo

portal puerta, verja, pórtico

portátil movible, transportable   FIJO

poseer tener, gozar, disfrutar   CARECER

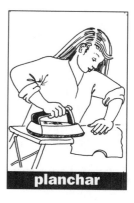

planchar

pobre

popular

posesión

prado

preferir

posesión propiedad, dominio, bien

posible probable, potencial, factible IMPOSIBLE

posición situación, colocación

posponer aplazar, postergar

postergar aplazar, posponer

posterior consecutivo, siguiente, sucesivo
ANTERIOR

práctica 1. ejercicio, ensayo 2. experiencia,
rutina, costumbre

prácticamente casi, aproximadamente, más o
menos

prado pasto, campo, pradera

precio costo, valor

precioso 1. excelente, exquisito 2. hermoso,
bello

preciso exacto, definido, puntual, fijo
APROXIMADO

predecir pronosticar, augurar, profetizar,
prever

predicar 1. publicar 2. amonestar, regañar

preferir escoger, elegir, optar

pregunta interrogación, encuesta, averiguación
REPUESTA

premio recompensa, galardón   CASTIGO

preocupado inquieto, distraído DESPREOCUPADO

preparar alistar, disponer, organizar

preservar conservar, salvar, mantener, proteger
DESTRUIR

presión peso, tensión, fuerza

prestar facilitar, dedicar, ayudar

prevenir impedir, evitar, precaver

prever predecir, pronosticar, augurar, profetizar

prima recompensa, bono

primero primario, principal, inicial

primitivo 1. tosco, rudo 2. primero, original

principal esencial, fundamental, importante,
vital

principio comienzo, origen, inicio   FINAL

prisa rapidez, prontitud, velocidad, precipi-
tación

prisión cárcel, penal

privado personal, particular, íntimo,
confidencial   PÚBLICO

privilegio concesión, ventaja

premio

prestar

primitivo

probar

propaganda

propiedad

probar experimentar, ensayar, examinar

problema cuestión, dilema, conflicto, dificultad

procedimiento plan, práctica, regla, manera, costumbre

procesión fila, desfile, revista, parada

producir 1. crear, elaborar, fabricar 2. ocasionar

profesión trabajo, oficio, ocupación, empleo, cargo

programa plan, proyecto

progreso avance, adelanto, desarrollo RETRASO

prójimo sujeto, individuo

promesa 1. oferta, voto 2. señal, indicio

prometedor favorable, alentador

pronto rápido, ligero, veloz, acelerado LENTO

propaganda publicidad, divulgación, anuncio

propiedad posesión, dominio

propietario dueño, amo, patrón

propina recompensa, gratificación

propio apropiado, adecuado, oportuno conveniente

propósito intención, intento, meta, final

proseguir continuar, avanzar

próspero favorable, acomodado, rico, adinerado, acaudalado   POBRE

proteger defender, amparar, preservar, resguardar

protestar objetar, desafiar, quejarse, reclamar, demandar

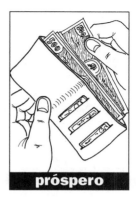

próspero

provechoso útil, beneficioso

proveer surtir, aprovisionar, suplir

provocar 1. incitar, estimular 2. irritar, molestar, fastidiar

prueba 1. ensayo, exámen 2. demostración

publicar editar, imprimir

pudrir descomponer, fermentar, estropear

puente

puente viaducto, pasarela

puerto muelle, embarcadero, desembarcadero

pulcro aseado, limpio, esmerado DESARREGLADO

pulir abrillantar, lustrar

punta cima, picacho, extremo

puntual 1. diligente, cumplidor 2. preciso, exacto

pulir

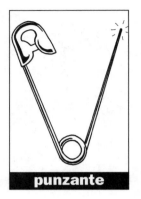

punzante

punto 1. señal, medida 2. sitio, lugar

puntual pronto, diligente, exacto

punzante agudo, afilado, cortante

punzar picar, pinchar

puñalada cuchillada, navajazo

purgar limpiar, purificar, evacuar

purificar purgar, limpiar   ENSUCIAR

puro 1. intacto, incorrupto, inalterado 2. cigarro

quebrar romper, separar, doblar, torcer

quedar permanecer, detenerse, estar   IRSE

quehacer oficio, faena, trabajo, tarea

quejarse gemir, lamentarse, dolerse

quejoso descontento, dolido, resentido, agraviado

quemar incendiar, arder, chamuscar, abrasar

querer amar, adorar, estimar, apreciar   ODIAR

quiebra pérdida, bancarrota, daño, perjuicio

quieto 1. inmóvil 2. calmado, pacífico, sereno RUIDOSO

quitar sacar, apartar, restar, deducir, substraer SUMAR

quitasol parasol, sombrilla

quizás posiblemente, acaso

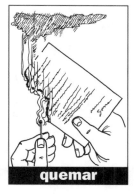

quemar

rama

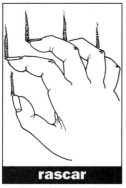

rascar

rabia furia, ira, cólera

rabieta berrinche, pataleta

rabo cola

racional lógico, razonable, justo IRRACIONAL

radiografía rayos x

raído ajado, gastado, usado

rama extremidad, miembro, brazo

rancio añejo, pasado, viejo FRESCO

rango grado, clase, posición, categoría

rápido veloz, pronto, ligero, vivo LENTO

raramente ocasionalmente, a veces SIEMPRE

raro único, extraño, singular, extraordinario
COMÚN

rascar raspar, arañar, rasguñar

rasgadura rotura, desgarrón

rasgar desgarrar, romper

raspar rascar, raer, rasar, rozar

rastro pista, huella

ratero ladrón, carterista, caco

rato instante, lapso, momento

raya línea, trazo

rayo destello, luz, resplandor

raza linaje, abolengo, casta

razón 1. motivo, causa 2. juicio, inteligencia

reaccionar responder, contestar

real genuino, verdadero, auténtico, actual FALSO

realizar hacer, efectuar, complir

rebajar disminuir, reducir, descontar

rebelarse desobedecer, desafiar, amotinarse
OBEDECER

rebosar desbordarse, derramarse

receta prescripción, instrucciones

rechazar rehusar, excluir, eliminar ACEPTAR

recibir obtener, aceptar, tomar DAR

reciente nuevo, moderno, actual VIEJO

recitar contar, relatar, narrar, declamar

reclutar alistar, inscribir, matricular

recobrar recuperar, mejorar, rescatar, reconquistar

recoger reunir, juntar, acumular, recolectar

ratero

receta

recoger

recorrer

red

refinado

recomendar sugerir, aconsejar, advertir

recompensa premio, remuneración, regalo

reconocer distinguir, identificar, recordar
DESCONOCER

reconocido agradecido

recordar acordarse, memorar, evocar   OLVIDAR

recorrer caminar, andar, atravesar

recreo entretenimiento, pasatiempo, diversión

recto justo, íntegro, imparcial, sincero   INJUSTO

recuerdo 1. memoria, evocación 2. regalo,
obsequio

recuperarse recobrarse, aliviarse, mejorarse

red 1. malla, rejilla, enrejado 2. organización,
sistema

reducir acortar, disminuir, restringir   AUMENTAR

reemplazar substituir, cambiar, suplir
MANTENER

refinado elegante, distinguido, delicado

reformar 1. modificar, cambiar, alterar
2. mejorar, corregir

refrigerar helar, enfriar, refrescar

refugio amparo, asilo

regalo obsequio, agasajo

regañar 1. reprender, gruñir 2. reñir

regar rociar, irrigar, mojar

regio suntuoso, magnífico, espléndido, majestuoso

región distrito, área, sección, territorio, vecindario, zona

regir gobernar, dirigir, reinar, mandar

registrar alistar, matricular, inscribir

regla norma, método, panta, guía

regresar volver, retornar

regular común, ordinario, usual, familiar, típico, normal IRREGULAR

regularizar regular, reglamentar, metodizar, uniformar

reinar gobernar, dirigir, regir, mandar

relacionar corresponder, enlazar, coordinar

relajar descansar, aflojar

relatar contar, narrar, recitar, referir

relieve saliente, prominencia

religión creencia, fe, dogma, culto

regalo

regar

registrar

remar

remolcar

reparar

remar bogar, navegar

remedar imitar, copiar

remedio medicamento, medicina, cura, tratamiento

remitir enviar, mandar

remojar empapar, mojar, regar

remolcar arrastrar, halar

remover 1. mover, trasladar 2. quitar, eliminar
DEJAR

rendirse entregarse, ceder

rentar alquilar, arrendar

renunciar desistir, abandonar

reñir 1. regañar, reprender 2. pelear, luchar
AMISTAR

reparar arreglar, restaurar, componer DAÑAR

repentino súbito, imprevisto, inesperado

repetición 1. insistencia 2. reproducción

repisa estante, anaquel

reposo calma, quietud, descanso, sosiego

requerir pedir, necesitar, solicitar

resbalarse deslizarse, escurrirse

rescatar librar, liberar, redimir, recobrar

resecar marchitar, secar REMOJAR

resfriado catarro, constipado, resfrío

resguardar proteger, amparar, defender

residir vivir, habitar, alojarse

respeto consideración, atención, admiración

resplandeciente brillante, radiante, deslumbrante, destellante

responder contestar, replicar PREGUNTAR

restar quitar, deducir, sustraer SUMAR

restaurar restablecer, reponer, recuperar

resto sobrante, residuo, saldo

restricción limitación, impedimento

resultado consecuencia, efecto

resumen sumario, compendio, sinopsis, síntesis

retirar quitar, sacar, alejar, apartar, llevarse

retirarse jubilarse, irse

retorcer torcer, enroscar

retornar 1. volver 2. devolver, restituir

reunión junta, congregación, agrupación

resbalarse

resguardar

reunión

revolver

riesgo

río

revelar declarar, decir, confesar, manifestar
ESCONDER

revisar corregir, modificar, rectificar

revivir resucitar, renacer, resurgir

revolución rebelión, motín, sublevación

revolver girar, pivotar, mezclar

rey monarca, soberano

rico 1. adinerado, acaudalado, millonario, acomodado POBRE 2. sabroso, delicioso

ridículo absurdo, grotesco, extravagante

riesgo peligro, amenaza

rígido tieso, duro   FLEXIBLE

riña pelea, disputa, argumento, lucha

río arroyo, corriente

ritmo armonía, compás

robar hurtar, despojar, saltear

robusto grueso, gordo, corpulento, obeso, pesado   FLACO

roca piedra, peñasco

rociar regar, mojar, esparcir

rodar 1. girar, rotar 2. moverse, avanzar

rodear　cercar, encerrar, bordear

rogar　pedir, implorar, suplicar

rollizo　redondo, grueso

romper　quebrar, fracturar, rasgar, destruir

ropa　vestido, traje

rotación　giro, vuelta

roto　quebrado, fracturado, desgarrado

rótulo　letrero, título, cartelón

rozar　raspar, rasar, frotar

rudo　grosero, vulgar, torpe, tosco, basto
CORTES, REFINADO

ruido　sonido, rumor, bulla, estruendo　SILENCIO

ruin　1. pequeño, despreciable　2. bajo, vil

ruina　destrozo, destrucción, bancarrota

rumor　chisme, murmullo

ruta　camino, vía, trayecto, recorrido

ropa

ruina

ruta

sacudir

salvar

sabio instruido, entendido, culto   IGNORANTE

sabor gusto, paladar, impresión

sacudir mover, agitar, golpear, emocionar

sagaz astuto, prudente, precavido   SIMPLE

sagrado santo, divino, sacro

sala salón, habitación, aposento, pieza

salario pago, jornal, sueldo

salida 1. abertura, paso 2. partida, marcha

saltar brincar

salvaje tosco, rudo, bruto

salvar librar, liberar, proteger, emancipar

sanción 1. ley, norma, decreto 2. multa, castigo

sanear purificar, limpiar

sanitario higiénico, limpio   SUCIO

sano saludable, bueno   ENFERMO

sarcástico irónico, satírico

satisfecho 1. contento 2. harto

saturar colmar, satisfacer, llevar

sazonado sabroso, rico

sección porción, parte, sector, corte

seco árido, estéril   MOJADO

secreto oculto, privado, callado, silencioso

secuela consecuencia, efecto

secuestrar retener, encerrar, raptar

sediento deshidratado, deseoso, ansioso

segar cosechar, cortar

segmento porción, división, fragmento

seguir 1. acompañar, continuar 2. perseguir, acosar

seguro 1. firme, sólido 2. protegido, guardado

seleccionar elegir, escoger

selecto escogido, superior

sellar 1. estampar, firmar, timbrar 2. tapar, cerrar, cubrir

semejante 1. parecido, similar 2. idéntico, igual

sencillo 1. simple, natural 2. modesto

sensacional magnífico, espléndido, emocionante

sensible impresionable, sensitivo, emotivo

sentir percibir, concebir, apreciar, comprender

seco

sediento

seguir

separación

sermón

siesta

señal marca, muestra, indicación

separación división, desunión

separar apartar, aislar, alejar, desunir   JUNTAR

sereno quieto, calmado, pacífico, tranquilo
RUIDOSO

serio 1. respetable, formal   FRIVOLO 2. solemne,
triste, sombrío, grave   ALEGRE

sermón amonestación, reprimenda, regaño

serpiente culebra, sierpe

severo riguroso, duro, inflexible, rígido

siesta sueño, descanso, reposo

silencioso callado, taciturno, mudo   RUIDOSO

simpatía afinidad, atracción

simpático agradable, atractivo

simple 1. fácil, elemental, sencillo 2. desabrido,
soso

sincero honrado, verdadero, franco, veraz
FALSO

siniestro 1. triste, funesto 2. desgracia, desastre

síntoma señal, indicio, manifestación

sistema método, modo, manera, estilo,
procedimiento

sobrante ganancia, resto

sobrenatural metafísico, milagroso, divino
NATURAL

sobresalir destacarse, distinguirse

sobresaltar asustar, alterar, turbar

sobrevivir vivir, durar, perdurar, quedar

sociable afable, cordial, amistoso   ANTISOCIAL

socorro ayuda, auxilio, apoyo

sofocar 1. apagar, estinguir 2. asfixiar, ahogar
REVIVIR

soleado claro, luminoso

solemne grandioso, formal, imponente

sólido firme, fuerte, duro   FLUIDO

solución respuesta, resolución, resultado

sombrío triste, melancólico   ALEGRE

sonoro ruidoso, resonante

soportar 1. sostener, aguantar 2. sufrir, resistir

soporte apoyo, sostén

sorprender asombrar, pasmar, admirar

sosegar serenar, calmar, apaciguar

socorro

soleado

sombrío

sostenerse

sueño

sujetar

sospechar dudar, desconfiar, presumir CONFIAR

sostener 1. apoyar, ayudar, mantener 2. sujetar, aguantar

suave 1. liso, pulido 2. dulce, agradable

subir trepar, escalar, ascender BAJAR

súbito repentino, inesperado, imprevisto

sucio manchado, mugriento, tiznado LIMPIO

sudar transpirar

sueldo jornal, salario, pago, paga

suelo piso, pavimento, superficie

suelto 1. ágil, diestro 2. flojo, holgado

sueño ambición, deseo, ansia, anhelo

suerte azar, ventura, fortuna

suficiente bastante, asaz

sufrimiento pena, agonía, dolor

sufrir padecer, aguantar, soportar GOZAR

sugerir insinuar, aconsejar

sujetar tener, asir, agarrar SOLTAR

sujeto 1. individuo, persona 2. asunto

suma total, adición

sumario　resumen, compendio, sinopsis, síntesis

sumisión　respeto, obediencia

suplir　1. completar　2. reemplazar

suponer　creer, pensar, estimar

suspender　1. colgar, tender　2. parar, detener, interrumpir

susto　sobresalto, sorpresa, miedo

sutil　tenue, delicado

sumisión

temor

tempestad

taberna cantina, bodega, bar

tacaño avaro, mezquino, mísero   GENEROSO

taladrar agujerear, perforar, horadar

talento aptitud, ingenio

tapa cubierta, funda, forro

tapete alfombra

tardo lento, calmoso, pausado

tarea faena, labor, oficio, quehacer

tarifa tasa, coste

tartamudear tartajear, balbucear

tasar estimar, apreciar, valorar

tejido tela, género, lienzo, paño

televisar emitir, transmitir

tema materia, asunto, tópico

temblar estremecerse, tiritar

temeroso tímido, miedoso   OSADO

temor miedo, alarma, inquietud

tempestad tormenta, temporal, borrasca

tener poseer, sujetar, sostener

tender extender, desplegar, colocar

terco obstinado, testarudo, tenaz, inflexible
FLEXIBLE

terminar acabar, finalizar, concluir, rematar
EMPEZAR

terremoto seísmo, temblor

terreno tierra, campo

terrible horrible, espantoso, temible

territorio comarca, región, nación

tesoro fortuna, riqueza

tesoro

tétrico triste, melancólico, sombrío   ALEGRE

tienda almacén, despacho, negocio

tierra 1. terreno, campo 2. mundo, globo

tieso firme, rígido, inflexible   FLÁCCIDO

tímido vergonzoso, temeroso, medroso   OSADO

tímido

timo estafa, fraude, robo

tinte color, tintura

tipo categoría, clase, grupo, especie

tirano dictador, déspota

tirar lanzar, arrojar, disparar

tiritar temblar, vibrar, agitar

tirar

tocar

torcer

tóxico

tirón　sacudida, estirón

título　nombre, letrero, rótulo

tiznar　manchar, ensuciar

tocar　palpar, tentar

tomar　1. coger, asir　2. beber

tonto　necio, torpe, estúpido　INTELIGENTE

tópico　asunto, tema, materia

torcer　retorcer, doblar, desviar

tormenta　tempestad, temporal, borrasca

tornado　huracán, ciclón, tifón

torneo　justa, certamen, lucha

torpe　rudo, basto, tosco, vulgar

tortura　agonía, dolor, sufrimiento, tormento

tosco　salvaje, bruto, grosero

total　completo, entero, todo　PARCIAL

tóxico　venenoso, ponzoñoso

trabajo　labor, oficio, faena, quehacer, ocupación

tradición　costumbre, hábito, uso

traducir　interpretar, explicar

traer　1. llevar, transportar　2. producir, causar

trágico triste, desgraciado, desafortunado

traje ropa, vestido

trampa treta, engaño

transferir trasladar, mover, llevar

transpirar sudar

transportar trasladar, llevar, traer, cargar

trasero posterior, detrás   DELANTERO

trastorno desorden, perturbación, sobresalto

tratado convenio, arreglo, pacto, acuerdo

tratar atender, asistir, manejar

travieso inquieto, revoltoso

trazar dibujar, delinear, pintar

tregua armisticio, descanso, pausa

tremendo inmenso, enorme, gigante, colosal
PEQUEÑO

tren ferrocarril

trepar encaramar, subir, escalar, ascender   BAJAR

tribu pueblo, clan, grupo

tributo impuesto, carga, contribución

triunfar ganar, prevalecer   PERDER

transportar

trasero

trepar

trofeo

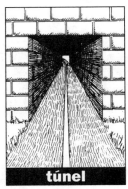

túnel

trofeo　premio, galardón, recompensa

tropa　grupo, cuadrilla, escuadrón, ejército

tropiezo　tropezón, resbalón, desliz

trozo　pedazo, parte, fragmento

tumba　sepulcro, fosa

tunda　palmada, paliza

túnel　galería, subterráneo, pasaje

turbar　alterar, trastornar, perturbar

tutor　maestro, profesor

último final, posterior   PRINCIPIO

unánime acorde, conforme, general

único raro, singular, extraordinario   COMUN

uniforme 1. igual, semejante, invariable 2. traje

unir atar, ligar, juntar

universo mundo, orbe, globo, cosmos

urgente apremiante, indispensable,
impostergable

usado raído, gastado, viejo

usar emplear, manejar, utilizar

uso 1. empleo, provecho 2. hábito, costumbre

utensilio instrumento, herramienta

útil provechoso, beneficioso, aprovechable
INUTIL

último

vaso

vender

vacación descanso, reposo, asueto

vacante desocupado, vacío, abandonado
OCUPADO

vaciar verter, sacar, desalojar   LLENAR

vagabundo errabundo, nómada

vagar errar, vagabundear, holgazanear

valiente bravo, esforzado, intrépido, osado
COBARDE

valioso importante, excelente, apreciado

valla cerca, baranda, barrera

valor 1. coraje, valentía 2. costo, precio

vandalismo destrucción, ruina, barbarie

vapor gas, vaho

vaso vasija, recipiente, jarra

vasto extenso, ancho, grande, amplio DIMINUTO

vecindario comunidad, barrio, distrito

vedar prohibir, impedir

vegetación plantas, flores

velar cuidar, asistir, proteger

veloz rápido, pronto, presuroso   LENTO

vender expender, despachar, comerciar
COMPRAR

veneno tóxico, ponzoña

venerar adorar, honrar, respetar

ver mirar, percibir, examinar, observar

verdadero real, auténtico, verídico   FALSO

vereda camino, senda, ruta

veredicto sentencia, juicio, fallo

vergonzoso 1. indecente, inmoral, bajo, vil
2. tímido, apocado

versión explicación, traducción, interpretación

verter derramar, vaciar

vestíbulo entrada, antesala

vestido ropa, traje, vestimenta

vestir llevar, poner, cubrir

veto oposición, negación   APROBACIÓN

vía camino, ruta, senda, calle

viaje excursión, camino, jornada, visita

vibrar temblar, estremecer, oscilar

vicioso depravado, pervertido   VIRTUOSO

vergonzoso

vestido

vía

viento

volar

votar

vida existencia, vitalidad, energía

viejo anciano, antiguo   JOVEN

viento ventarrón, brisa

vigor energía, fuerza, potencia

violar quebrantar, desobedecer, abusar

violencia furor, brusquedad, furia   CALMA

visión vista, imagen, percepción

vista visión, panorama, paisaje

vivir 1. existir 2. residir, morar, habitar

vivo listo, astuto, avispado, despierto   OBTUSO

vocear gritar, chillar

volar huir, escapar

voltear girar, volcar

voluntario libre, espontáneo

votar elegir, escoger, seleccionar

vuelta 1. giro, rotación 2. retorno, regreso

vulgar 1. ordinario, corriente, común   ESPECIAL
2. grosero, inculto   CULTO

yacer descansar, reposar

yapa bono, extra

yate bote, barco

yermo desierto, estéril, deshabitado

yerro error, equivocación

yerto rígido, inmóvil

yugo carga, opresión, esclavitud

yacer

zurcir

zafar soltar, desatar

zángano holgazán, perezoso, vago

zapatillas pantuflas

zapato calzado

zarandear agitar, mover, menear

zona territorio, área, región, distrito, vecindario

zozobrar nanfragar, hundirse

zurcir remendar, coser

zurrar pegar, azotar